# FENAROLI

✝
1732.

## Cours Complet

### d'HARMONIE

ET DE

*Haute Composition*

Réalisé

PAR

# E. M. E. DELDEVEZ

Prix: 25 f. Net.

PARIS,
Chez S. RICHAULT, Éditeur de Musique, 4 Boulevard des Italiens.

1872

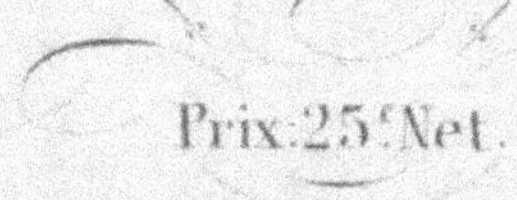

PARTIMENTI
OU
BASSES CHIFFRÉES
Conformément à l'École
des Conservatoires de Naples
Œuvre
DE
FEDELE FENAROLI
Divisée en six Livres

# AVERTISSEMENT

Nous publions, sous le titre suivant, la deuxième partie de notre TRILOGIE:

**Fenaroli** — COURS COMPLET D'HARMONIE ET DE HAUTE COMPOSITION (réalisé).

« L'ouvrage de **Fenaroli** a été gravé à Paris par les soins d'Imbimbo, qui en a traduit le texte, a revu et *augmenté* l'édition d'un Extrait des Principes de Musique. Il se compose de *Partimenti*, ou basses chiffrées.

Cet ouvrage adopté par les conservatoires de Naples et de Paris a formé « une multitude d'excellents élèves. » C'est ce qu'il y a de mieux, dit Choron, pour apprendre l'accompagnement.

Le but que nous nous sommes proposé, en entreprenant ce travail, est de présenter une espèce de rudiment d'un genre nouveau pour l'étude de l'harmonie appliquée au piano; un recueil d'exemples, de règles, de leçons pratiques; en quelque sorte un *corrigé* d'exercices, modèle de réalisations.

La réalisation harmonique, c'est-à-dire l'énoncé des parties indiquées par le chiffrage, et comprise généralement sous la dénomination d'*accompagnement pratique*, peut se concevoir: 1° sous une forme élémentaire, telle que la disposition régulière de l'harmonie dans les trois positions d'accords; 2° d'une manière choisie, résultant de l'alternative des trois positions; 3° dans le style sévère, embrassant l'harmonie, le contre-point, la fugue, les trois éléments de l'art qui sont, comme l'a si bien défini Jean-Jacques Rousseau, la composition même, à l'invention près, qu'il faut de plus au compositeur. (1)

Mais, avant de réaliser, soit au piano, soit par écrit, l'harmonie de la basse chiffrée, il faut exercer les doigts sur des réalisations écrites; de cette manière les doigts apprennent en même temps à lire et à écrire.

Voici la disposition de cet ouvrage.

« L'œuvre complète de **Fenaroli** est divisée en six livres. »

Le premier a pour titre: « Des Echelles dans tous les tons majeurs, mineurs, et chromatiques et des Cadences. »

La réalisation de ce livre est l'application de la *règle de l'octave* à toutes les formules de gammes dans les trois positions.

« L'exemple qui démontre que la basse fondamentale au dessous de l'échelle forme une série d'accords parfaits de 1°, 3° et 5°, » est ici réalisé dans toutes les tonalités. C'est une étude à la fois mélodique et harmonique: mélodique, en ce que la gamme forme la partie chantante; harmonique, en ce que

---

(1) L'invention crée le style idéal, la composition. Cette dernière est l'objet de la troisième partie de notre TRILOGIE.

les seuls accords parfaits des 1er, 4e et 5e degrés établissent l'harmonie simple de la basse fondamentale de la *règle de l'octave*. (1)

Cette étude du *chant* et de l'*harmonie* réunis est le point de départ de la composition. Elle prépare l'élève à l'interprétation vocale et instrumentale des solfèges, des vocalises et de la partition.

Nous avons, à cet effet, maintenu la clef d'Ut première ligne à la partie chantante, ainsi que les clefs d'Ut troisième et quatrième lignes à la basse, afin que l'on pût en acquérir la connaissance par la pratique de cet ouvrage, sous une forme facile et attrayante.

Les gammes harmoniques sont réalisées en valeurs égales, et rhythmées de manière à être répétées, autant de fois qu'il sera nécessaire, sans interruption, c'est-à-dire sans repos ni cadence. Nous avons augmenté le nombre des tonalités admises par **Fenaroli**, en adoptant comme principe l'ordre successif des accidents, simples groupés au fur et à mesure à la clef, ce qui détermine les progressions de quintes ascendantes et de quintes descendantes.

L'harmonie de la *règle de l'octave* est adaptée également aux gammes chromatiques, les degrés de l'échelle étant considérés, soit comme note d'accord, soit comme note altérée ou de passage. Ce mode de réalisation est entièrement nouveau.

Enfin, suivent les *Cadences* dans les principales tonalités, échelonnées par secondes, comme dans l'original.

Plusieurs raisons nous ont fait suivre pour les Cadences, ainsi que pour les règles des dissonances du livre second, le procédé des relations tonales établi par l'auteur.

En développant, tel que nous l'avons fait, le chapitre des *Echelles* vocales et harmoniques, notre intention a été de donner une plus grande importance à cette partie élémentaire de l'harmonie qui est la base de toute étude sérieuse. Procéder de la même manière pour les cadences et pour les dissonances, c'eût été, de notre part, abuser des développements, et méconnaître un principe de méthode que nous avons voulu, au contraire, rendre progressif.

En effet, après l'exposé des tonalités par quintes ascendantes et par quintes descendantes, nous considérons les successions, à distance de seconde, des tonalités «tant de 3ce majeure que de 3ce mineure» comme un acheminement aux divers enchaînements d'accords permis (eu égard à leurs positions), et aux demi-modulations pour lesquelles il est important de «concevoir les accidents que porte chaque ton, etc.»

Le livre second traite «des dissonances et des *Partimenti* progressifs selon toutes les règles.»

L'exemple pratique (*esempio pratico*), servant de règle (*regola*) et d'introduction aux leçons (*lezioni*), est transcrit dans les tons principaux. Quelques unes de ces leçons ne pouvant se réaliser distinctement dans chacune des trois positions (ce qui arrive, par exemple, lorsqu'un passage n'est praticable qu'à une ou à deux positions seulement), contiennent des lacunes, dans les parties irréalisables, qui doivent être, dans ce cas, comblées par l'une des versions réalisées.

«Les *Partimenti* progressifs suivant les règles prescrites» sont l'étude de la réalisation, à un de-

---

(1) Voir les «Principes de la formation des intervalles et des accords» etc., par E. DELDEVEZ.

gré supérieur procédant, d'une façon alternative, par l'une des trois positions dont l'intérêt repose uniquement sur le mode d'enchaînement lui-même. C'est ce qu'on nomme la *position chantante ou choisie*.

III — Le livre troisième est l'exposé «des mouvements de la basse avec les harmonies tant consonnantes que dissonnantes praticables sur elle.»

La réalisation *écrite* de chaque *Partimento* étant donnée par l'auteur, nous avons dû traiter la contre-partie. Les rôles sont donc intervertis. On trouvera par conséquent la basse chiffrée, extraite des exemples, et sur laquelle on doit effectuer la marche des parties d'après le chiffrage exprimé. Ce travail, à l'inverse de la disposition originale du livre, comprend la réalisation *pratique*.

IV — Le livre quatrième est celui «des *Partimenti* sans chiffres.»

Ici nous reprenons notre rôle. En conséquence, nous avons chiffré ces *Partimenti*, suivant les règles prescrites dans le livre troisième, et les différents exercices d'harmonie qui s'y trouvent, en renvoyant, pour chaque leçon, aux exemples «des mouvements de la basse, livre III.»

Cette étude est celle du chiffrage.

V.VI — Enfin, les livres cinquième et sixième contenant «des *thèmes*, *canons*, *fugues*, des *Partimenti* imités etc.», nous avons cru devoir nous borner à donner un spécimen de chacun de ces différents genres de composition, laissant ainsi une partie du vaste champ que nous a fourni l'auteur à la disposition de ceux qui, comme nous, savent trouver un certain charme dans un travail utile.

Nous terminerons en proposant, comme supplément à «l'Extrait des Principes de Musique de E. Imbimbo» notre ouvrage intitulé: *Principes de la formation des intervalles et des accords etc.* (première partie de notre Théorie), «pour servir d'introduction aux *Partimenti* de **F. Fenaroli**.»

*E. DELDÉVEZ.*

# LIVRE PREMIER

### DES ÉCHELLES DANS TOUS LES TONS MAJEURS, MINEURS, ET CHROMATIQUES,
### et des Cadences.

Exemple qui démontre que la basse fondamentale au dessous de l'échelle forme une série d'accords parfaits
de 1.ª, 3.ª et 5.ª

## ÉCHELLES EN MODE MAJEUR.

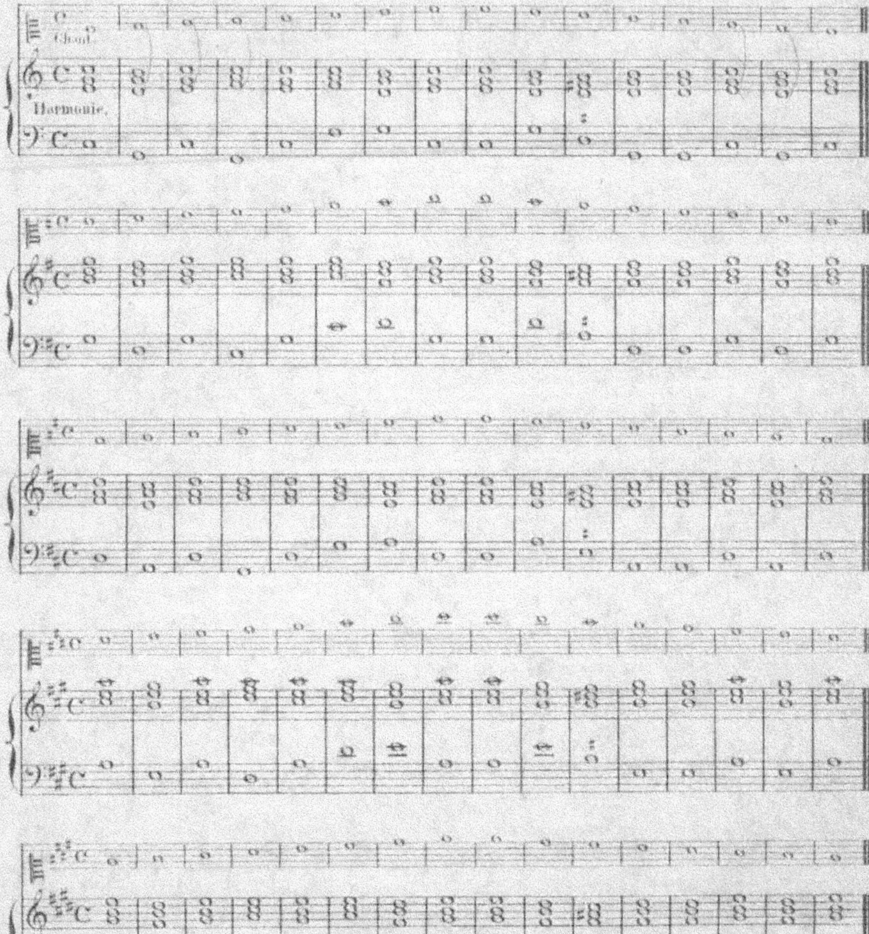

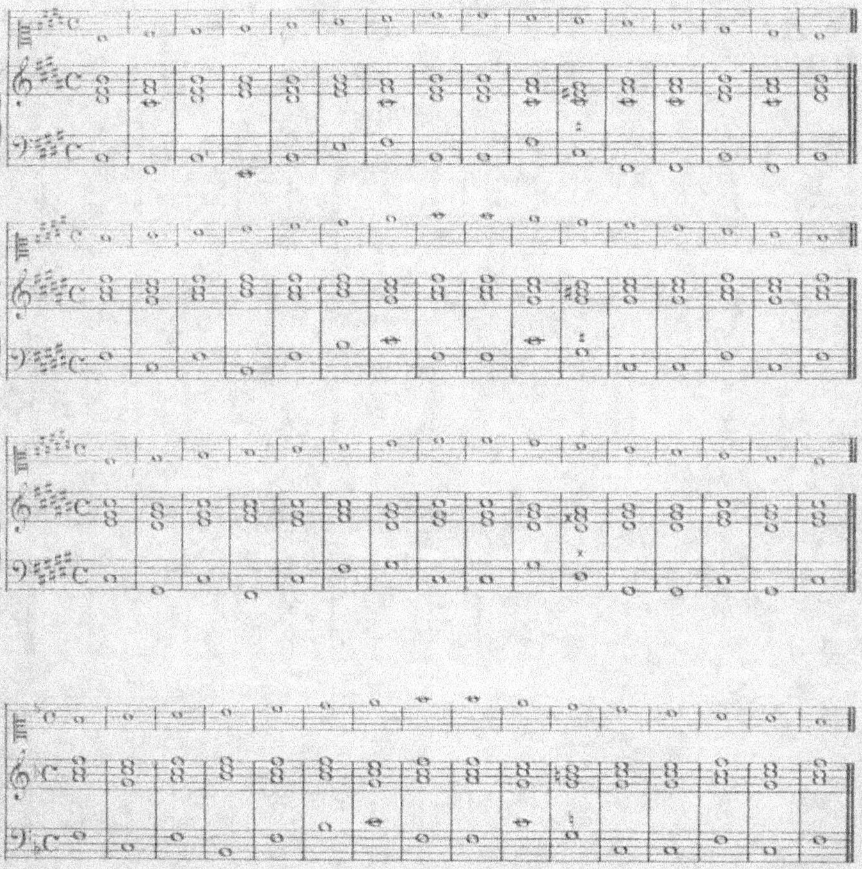

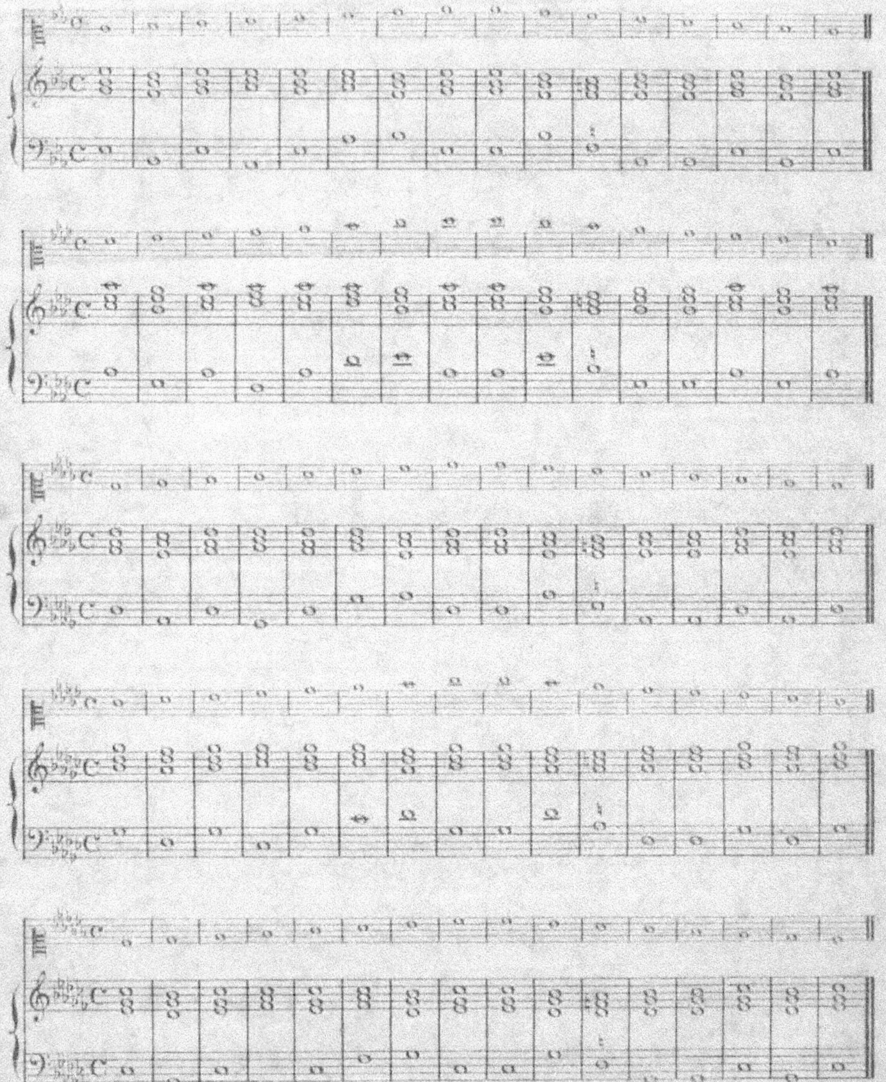

AUTRE DÉMONSTRATION DE L'ÉCHELLE EN DESCENDANT.

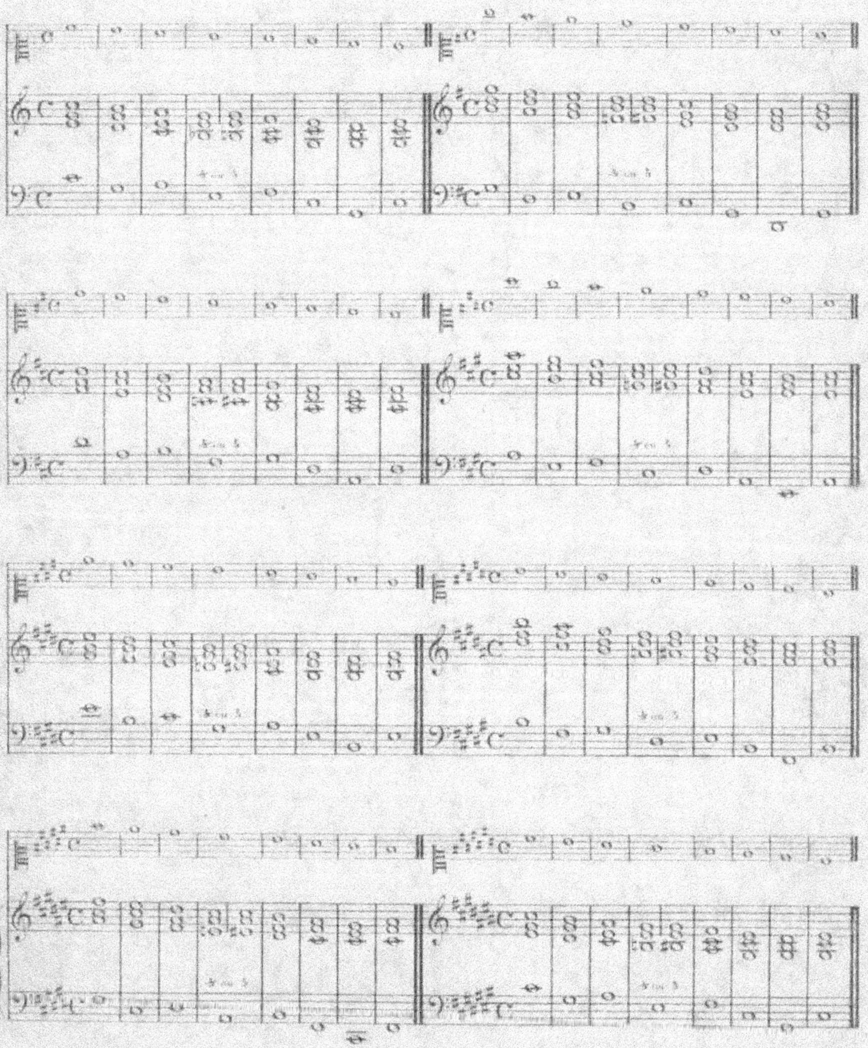

ÉCHELLES EN MODE MINEUR.

# PREMIÈRE POSITION.

## DES ÉCHELLES DIATONIQUES EN MODE MAJEUR.

# PREMIÈRE POSITION.

## DES ÉCHELLES DIATONIQUES EN MODE MINEUR.

# DEUXIÈME POSITION.

## DES ÉCHELLES DIATONIQUES EN MODE MAJEUR.

# DEUXIÈME POSITION.
## DES ÉCHELLES DIATONIQUES EN MODE MINEUR.

# TROISIÈME POSITION.
## DES ÉCHELLES DIATONIQUES EN MODE MAJEUR.

# TROISIÈME POSITION.
## DES ÉCHELLES DIATONIQUES EN MODE MINEUR.

# PREMIÈRE POSITION.

## DES ÉCHELLES CHROMATIQUES EN MODE MAJEUR.

(1) Demi-ton Diatonique.
(2) Demi-ton Chromatique.

# PREMIÈRE POSITION.

## DES ÉCHELLES CHROMATIQUES EN MODE MINEUR.

# DEUXIÈME POSITION.

## DES ÉCHELLES CHROMATIQUES EN MODE MAJEUR.

# DEUXIÈME POSITION.
## DES ÉCHELLES CHROMATIQUES EN MODE MINEUR.

# TROISIÈME POSITION.

## DES ÉCHELLES CHROMATIQUES EN MODE MAJEUR.

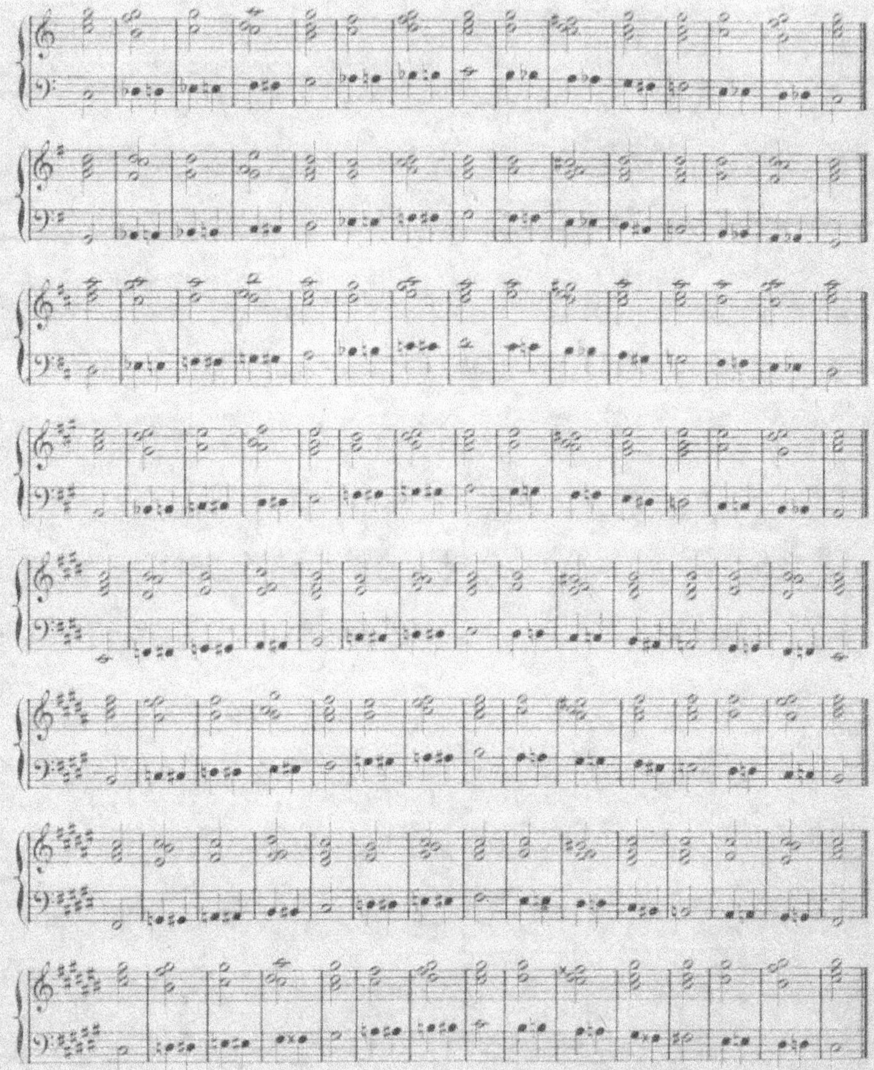

# TROISIÈME POSITION.

## DES ÉCHELLES CHROMATIQUES EN MODE MINEUR.

# DES CADENCES.

## CADENCES SIMPLES.

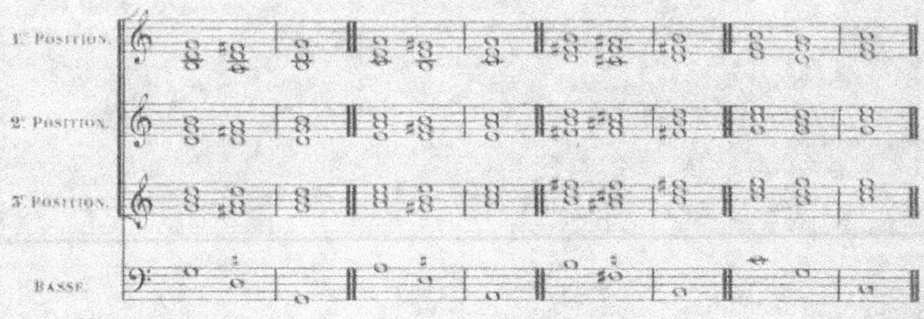


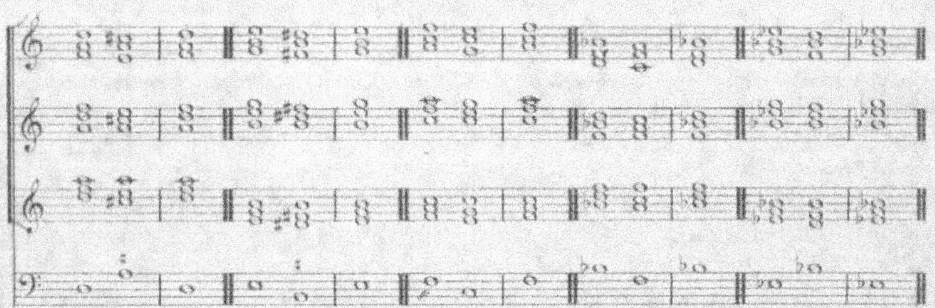

## LES MÊMES AVEC LA SEPTIÈME MINEURE.

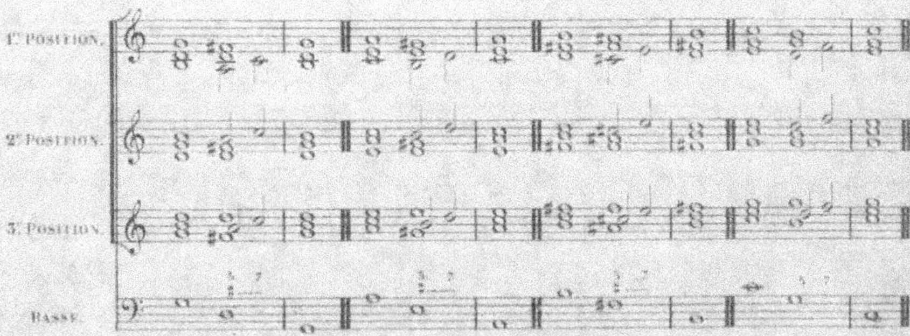

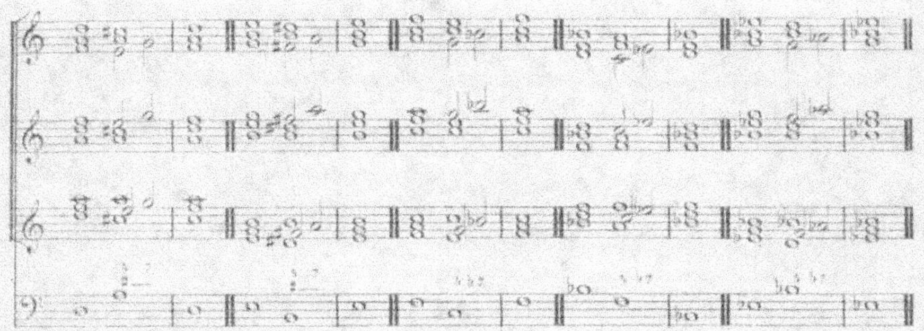

CADENCES COMPOSÉES.

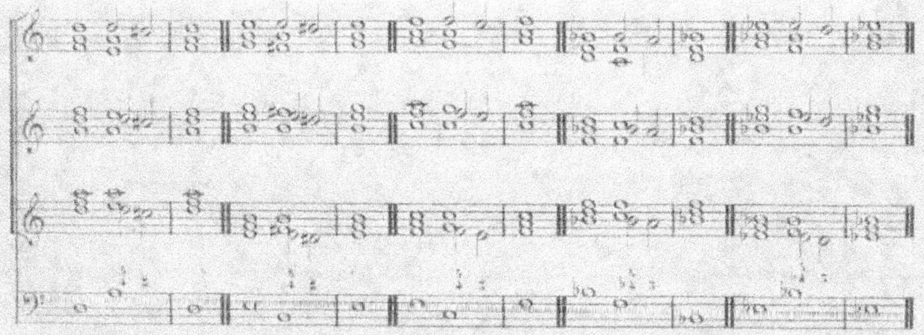

## CADENCES DOUBLES.

Pour posséder à fond la connaissance du clavier, il faut commencer par étudier les *Échelles* diatoniques et chromatiques, ainsi que les *Cadences*, sur les réalisations écrites; ensuite les exécuter de mémoire. Cet exercice des doigts est pour l'harmoniste ce que l'étude des gammes mélodiques est pour le pianiste. C'est un travail des plus utiles.

On doit aussi chanter en s'accompagnant les *Échelles* vocales harmonisées, si l'on veut arriver à l'interprétation de la Partition.

# LIVRE SECOND.

DES DISSONNANCES ET DES PARTIMENTI PROGRESSIFS
selon toutes les règles.

A. De la 4.te préparée par l'8.ve et résolue sur la 3.ce

RÈGLE.

B  De la 4.e préparée par la 3.ce et résolue sur la 3.ce
RÈGLE.
1.re POSITION
2.e POSITION
3.e POSITION
BASSE.
LEÇON.
1.re POSITION
2.e POSITION
3.e POSITION
BASSE

C. De la 4e préparée par la 5e et résolue sur la 3e.
REGLE.
1e POSITION
2e POSITION
3e POSITION
BASSE.

LEÇON.

D. De la 4e préparée par la 6e et résolue sur la 3e
RÈGLE.
1re POSITION.
2e POSITION.
3e POSITION.
BASSE.

LEÇON.



E.   De la 4ᵗᵉ préparée par la 7ᵐᵉ mineure et résolue sur la 3ᶜᵉ.

RÈGLE.

LEÇON.

1.ᵉ POSITION.

2.ᵉ POSITION.

3.ᵉ POSITION.

BASSE.

F.    De la 4° préparée par la 5te diminuée et résolue sur la 3ce
RÈGLE.
1°. POSITION.
2°. POSITION.
3°. POSITION.
BASSE.

1.ᵉ POSITION.
2.ᵉ POSITION.
3.ᵉ POSITION.
BASSE.

G.   De la 7.ᵐᵉ préparée par l'8.ᵛᵉ et résolue sur la 6.ᵗᵉ
RÈGLE.
1.ᵉ POSITION
2.ᵉ POSITION
3.ᵉ POSITION
BASSE.

1. POSITION.
2. POSITION.
3. POSITION.
BASSE.

II.   De la 7.$^{me}$ préparée par la 3.$^{ce}$ et résolue sur la 6.$^{te}$

REGLE.

1. De la 7me préparée par la 5e et résolue sur la 6e.
RÈGLE.
1.e POSITION.
2.e POSITION.
3.e POSITION.
BASSE.

50    **L.**    La même préparée par la 6.te et résolue sur la 6.te

RÈGLE.

M.
La 7.me résolue sur la 3.e
RÈGLE.
1.e POSITION.
2.e POSITION.
3.e POSITION.
BASSE.
N.
De la 9.me préparée par la 3.e et résolue sur l'8.ve
RÈGLE.
1.e POSITION.
2.e POSITION.
3.e POSITION.
BASSE.

LEÇON.
1. Position.
2. Position.
3. Position.
BASSE.

O. De la 9me préparée par la 5te et résolue sur l'8ve
RÈGLE.
1re POSITION.
2e POSITION.
3e POSITION.
BASSE.

P.   De la 9me préparée par la 3ce et résolue sur la 3ce.
RÈGLE.
1. POSITION
2. POSITION
3. POSITION
BASSE.

**Q.** De la 9me préparée par la 3ce et résolue sur la 6te, ou sur l'8ve.

RÈGLE.

PARTIMENTO dans lequel la 9me se résout sur l'8ve, sur la 3ce, et sur la 6te, selon les exemples O. P. Q.

LEÇON.

**R.** De la 2.<sup>de</sup> et 4.<sup>te</sup> sur la Basse liée ou syncopée, sans sortir du ton.

RÈGLE.

**8.** De la 2de et 4te augmentée sur la Basse liée ou syncopée, qui passe dans un autre ton.

RÈGLE.

LEÇON.

# PARTIMENTI PROGRESSIFS
### SUIVANT LES RÈGLES PRESCRITES.

9

12

13
14

15

16

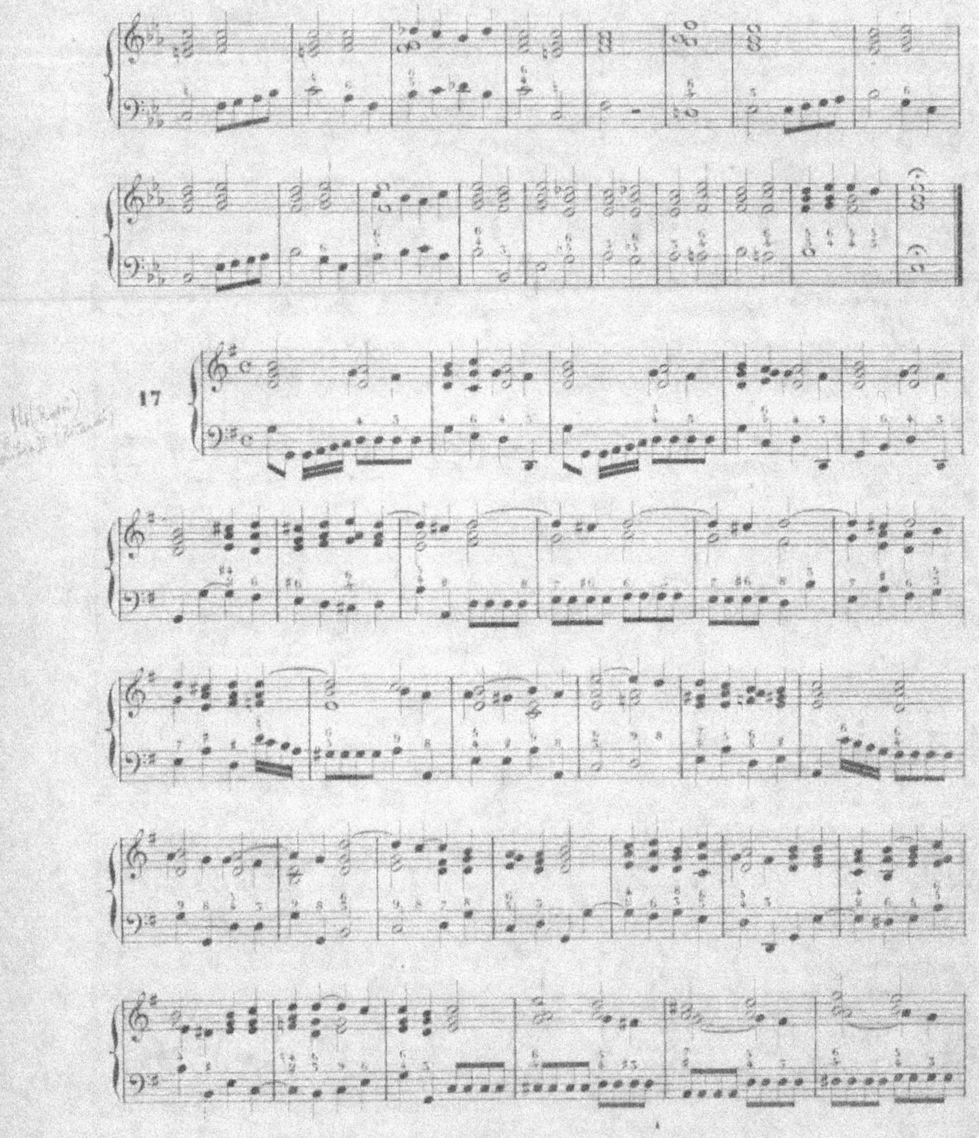
17

18

19.

20

21

22

24

25

82
26
23.

24.
27

28

26.
29

30

# LIVRE TROISIÈME.

## DES MOUVEMENTS DE LA BASSE

### AVEC LES HARMONIES TANT CONSONNANTES QUE DISSONNANTES PRATICABLES SUR ELLE.

**N°.1. PARTIMENTO** où la Basse monte par degré.

**N°.2. PARTIMENTO** où la Basse monte par demi-tons depuis la 3.e jusqu'à la 6.te du ton.

MODE MAJEUR.

**N°.2bis PARTIMENTO** où la Basse monte par demi-tons depuis la 3.e jusqu'à l'8.ve du ton

MODE MINEUR.

**N°.3. PARTIMENTO** où la Basse descend par degré.

**N°.4. PARTIMENTO** où la Basse descend liée, ou syncopée.

**N°.5. PARTIMENTO** où la Basse descend par degré depuis la 5.te jusqu'à la Tonique.

MODE MAJEUR.   MODE MINEUR.

N.°6. PARTIMENTO où la Basse descend par demi-tons depuis la 7.me jusqu'à la 5.e du ton.

N.°7. PARTIMENTO où la Basse monte par degré et descend de 3.ce.

N.°8. PARTIMENTO où la Basse monte de 3.ce et descend par degré.

N.°9. PARTIMENTO où la Basse descend de 3.ce et monte par degré.

N.°10. PARTIMENTO où la Basse monte de 4.te et descend de 3.ce.

N.°11. PARTIMENTO où la Basse descend de 4.te et monte par degré.

N.º 12. PARTIMENTO où la Basse monte de 5.te et descend de 4.te

N.º 13. PARTIMENTO où la Basse monte de 4.te et descend de 5.te

N.º 14. PARTIMENTO où la Basse monte de 6.te et descend de 5.te

## MOUVEMENTS DE MODE MINEUR.

N.º 15. PARTIMENTO. Monter par degré.

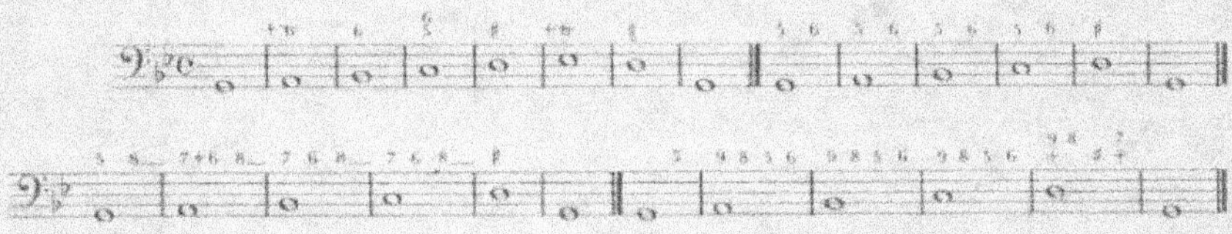

N.º 16. PARTIMENTO. Descendre par degré.

N.º 17. PARTIMENTO. Monter de 3.ce et descendre par degré.

N.° 18. PARTIMENTO. Descendre de 3.ᵉ et monter par degré.

N.° 19. PARTIMENTO. Monter de 4.ᵗᵉ et descendre de 3.ᶜᵉ

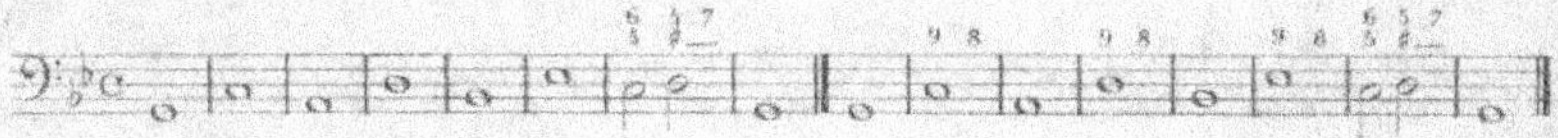

N.° 20. PARTIMENTO. Descendre de 4.ᵗᵉ et monter par degré.

N.° 21. PARTIMENTO. Descendre de 4.ᵗᵉ et monter de 3.ᶜᵉ

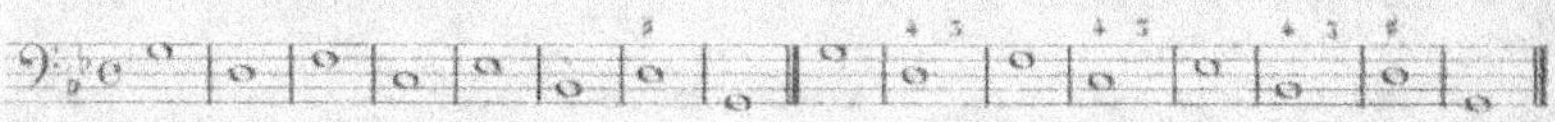

N.° 22. PARTIMENTO. Descendre de 5.ᵗᵉ et monter de 4.ᵗᵉ

(Le mouvement par lequel on monte de 5.ᵗᵉ et on descend de 4.ᵗᵉ n'est pas pratiqué dans le mode mineur.)

N.° 23. PARTIMENTO. Monter de 6.ᵗᵉ et descendre de 5.ᵗᵉ

Cadenza.

N.° 24. PARTIMENTO. Mouvement par liaison en descendant.

# LIVRE QUATRIÈME
### DES PARTIMENTI CHIFFRÉS.

(1) Voir le PARTIMENTO N° 6, LIVRE III.
(2) Voir le PARTIMENTO N° 1.

(1) Voir le PARTIMENTO N° 10.
(2) Voir le PARTIMENTO N° 9.
(3) Voir le PARTIMENTO N° 4.
(4) Voir les PARTIMENTI N° 4, 8, 15.

(1) Voir les PARTIMENTI N.º 2 bis, 13, 15.
(2) Voir le PARTIMENTO N.º 4.

(1) Voir les PARTIMENTI N.º 3, 13.
(2) Voir le PARTIMENTO N.º 4.

(1) Voir les Partimenti N.os 11, 13.
(2) Voir le Partimento N.o 9.

(1). Voir les PARTIMENTI N.os 8, 13.
(2). Voir le PARTIMENTO N.º 13.

**15**

**16**

(1) Voir le PARTIMENTO N.º 15.
(2) Voir les PARTIMENTI N.ºs 1, 9.

17

20
21

22

23

24

25

50

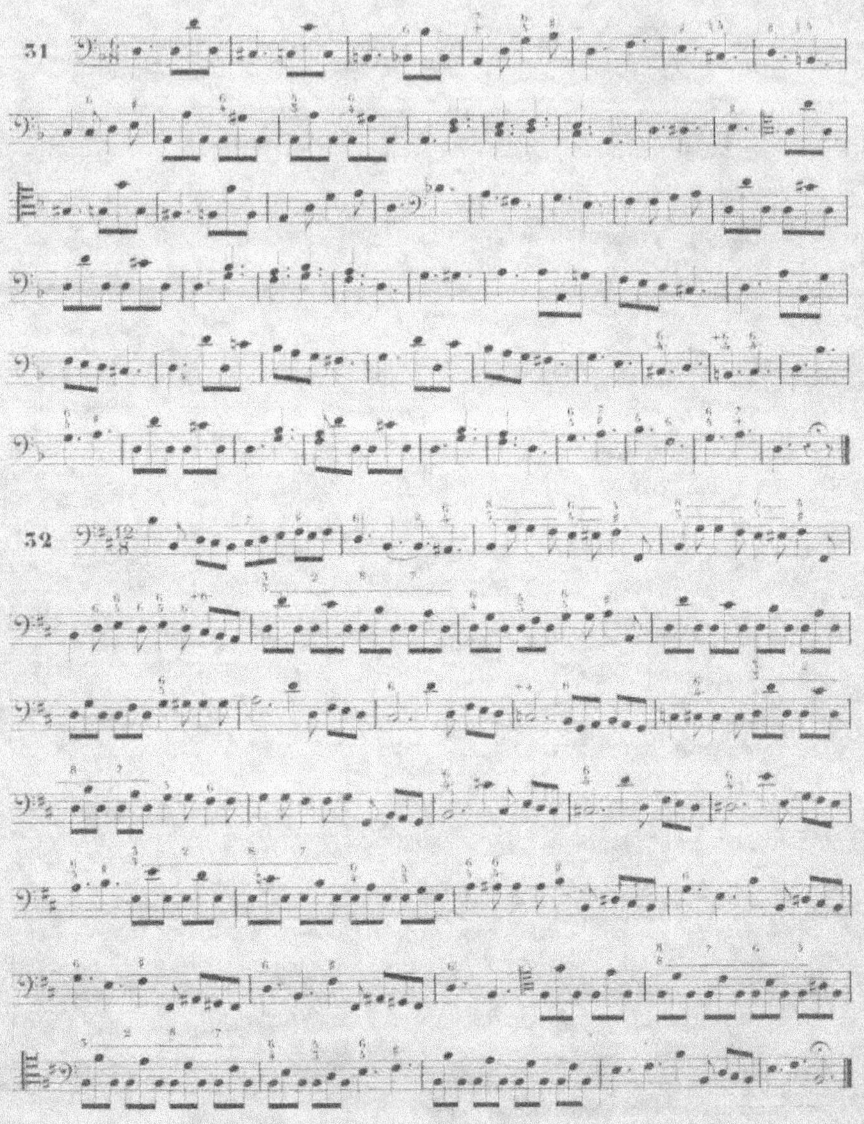

35
34

38

39

42
43

# LIVRE CINQUIÈME
## DES THÈMES, CANONS ET FUGUES.

Largo.
FUGUES.
N.1

Moderato.
FUGUE.

# LIVRE SIXIEME
DES PARTIMENTI FUGUÉS, RENVERSÉS ET IMITÉS.

Moderato.

FUGUE.
N.1.

Largo.
N.º 2
CANON.

# ETUDE ANALYTIQUE (LIVRE QUATRIÈME, N°1.)

en SOL.
en LA.
en RÉ.
Phrase en LA mineur.

en SOL.
en UT.
en RÉ.
en MI.
en SI.
en MI.

en FA. en SOL.
CONCLUSION.

RÉALISATION.